ハーブと薬味のごちそうレシピ

スープからおつまみまで
簡単で美味しい
健康になれるメニュー65品

若井めぐみ

三空出版

『ハーブの魅力ってなんだろう？』

この10年、ハーブをテーマにした料理教室を主宰してきましたが、
何度となく自分に問いかけてきました。
今なら、ハーブのいちばんの魅力、それはやっぱり"香り"ではないかと答えます。

日本料理、中華料理、ヨーロッパ、中東、インド、東南アジア……
頭に浮かぶのはビジュアルとともに香りではありませんか？
料理のイメージの中には常に香りが含まれている気がします。

香りは、料理の味の決め手となる大事な要素。
脳に直接働きかけ、そして記憶に深く刻まれます。
例えば、子供の頃におばあちゃんの家で食べた料理……
懐かしい光景とともにふんわりと優しい香りが蘇ってきます。

好みの香りをプラスしたり、あの時の香りを再現したり、
香りを自由に楽しみ、味わえることは、とても贅沢で幸せなことだと感じます。

「薬味はよく買うけれど、同じ使い方ばかりしてしまう」
「ハーブはハードルが高くてなかなか手が出ないし、買っても余ってしまう」
そんな声をよく聞きますが、まずはいろいろ試してみて。

この本には、ひと味違うハーブと薬味の使い方、意外な食材との組み合わせなど、
簡単で、ワクワクするような料理のヒントがいっぱい。
定番料理からするりと入っていけるような、
親しみやすい普段使いのレシピを
たっぷり紹介しています。

この本をきっかけに、
皆さんの食卓が香り豊かに
なりますように。

若井めぐみ

［ ハーブと薬味の図鑑 ］

この本で使用するハーブ、薬味を紹介します。
香りや効能など、身体が喜ぶ特長を知って、
食卓に取り入れてみましょう。

大葉

古くから和食にも使用され、日本人に
なじみの深い香り。抗酸化成分が豊富
で、生活習慣病の予防やアレルギー症
状の緩和などの効果も。

みょうが

血行促進の効果があるといわれ、食べる
ことで脳が活発に。香り成分α-ピネンは
森林の香り成分のひとつであり、リラック
ス効果や癒し効果の期待大。

ニラ

β-カロテンが多く含まれる緑黄色野菜の
仲間。にんにく、ねぎにも共通して含ま
れる成分のアリシンは強い殺菌効果を持
ち、ビタミンB1の吸収を高める。疲労
回復に。

しょうが

生のしょうがに含まれるジンゲロールには高い殺菌効果や食欲を増進する作用が。加熱や乾燥することでショウガオールという成分に変化し、体の中からじんわり温めてくれる。

にんにく

滋養強壮・疲労回復効果はもちろん、強い抗酸化作用も持つといわれ、老化防止も期待できる。血管を拡張する作用もあるので、冷え性の改善などにも。

ねぎ（青ねぎ）

昔から主に関西地方で食べられている。β-カロテンを含み、緑黄色野菜に分類される。カルシウム、カリウム、鉄分などのミネラルも豊富。

ねぎ（長ねぎ）

白ねぎとも呼ばれ、昔から主に関東地方で食べられている。旬の時期は晩秋から春先にかけてで、この時期は特に甘く柔らかいものが出回る。血液をサラサラにする効果のある硫化アリルを多く含む。

ローズマリー

耐寒性があり、自宅でも育てやすい
ハーブ。香りの成分は脳を刺激し、
記憶力、集中力を高めるともいわれ
ている。香りが強いので、合わせる
食材とのバランスをみて調整を。

バジル

一般的な品種、スイートバジルは
ほんのり甘くスパイシーな香りが
特徴。柔らかい葉は生で食べて
も加熱しても美味しく、抗酸化成
分も豊富に含まれている。

セージ

ソーセージの保存性を高めるため
にも使われる抗菌性に優れたハー
ブ。女性ホルモンに似た成分が含
まれているため、月経不順や更年
期障害にもよいといわれている。

ブーケガルニ

数種のハーブを束ねたハーブミックス。
スープや煮込み料理などに入れるとさまざまな香
りが重なり奥深い味わいに。作り方は、長ねぎの
青い部分を5cmほど切り、ローズマリーやタイム、
セージなどお好みのハーブ2～3種を包み、タコ
糸でしっかりと縛るだけ。

ディル

柔らかな葉とさわやかで甘い香り
が特徴。種子はピクルスの香り付
けなどのスパイスとしても利用さ
れる。鎮静作用があるので、気分
を穏やかに落ち着かせたいときに。

カーリーパセリ

パセリ

添え物としての印象が強いものの、鉄分やカ
リウムなどのミネラルが豊富で、栄養面も◎。
葉の縮れたカーリーパセリ、葉の平らなイタ
リアンパセリ、どちらも代用して使える。

クレソン

独特の苦みやピリッとした辛味は、ワサビや大根にも含まれるシニグリンという成分。消化促進や食欲増進、血行促進の効果があるといわれている。

ミント（スペアミント）

ミントは、スペアミント系とペパーミント系があり、本書ではスペアミントを使用。スーッとしてほんのり甘い香りは、ストレス解消やリフレッシュ効果に期待大。

タイム

可愛らしい小さな葉とは対照的に、ヨーロッパでは古くから「勇気」の象徴とされてきたハーブ。抗菌性に優れ、呼吸器系の不調の緩和などにも効果があるといわれている。

ルッコラ

ゴマに似た香りと表現されるアブラナ科のハーブの仲間。ほろ苦い味が特徴で、柔らかい葉はサラダに、大きく成長したものは炒め物などに適している。

イタリアン
パセリ

パクチー

強く印象的な香りは、メキシコや東南アジアをはじめ、日本でもファンが多い。最近では、身体に溜まった微量な重金属を排出するデトックス効果も注目されている。

セロリ

むくみ解消によいカリウムなどのミネラルやビタミンが豊富。独特の香りは、たまねぎ、にんじんとともに香味野菜として洋風のだしには欠かせない。

CONTENTS

主菜 / メインディッシュ

ごはん・麺

この本のレシピについて

◆小さじ1は5ml、大さじ1は15ml、1合は180mlです。

◆野菜類は指定のない限り、すべて一般的な中サイズのものを使っています。

◆チキンスープは、化学調味料無添加の鶏がらスープの素を使っています。商品記載の表示に従って水に溶かして使ってください。

◆和風だしは、昆布とかつお節のだしを使っています。市販のだしパックや顆粒のだしを使う場合は、塩分が入っていないものを選んでください。

◆調味料は、メーカーによって塩分濃度などが異なる場合があるので、分量を目安に味見をしながら加減してください。

◆オーブン、オーブントースターは、機種によって焼き時間が変わる場合があるので、様子を見ながら調整してください。

◆ハーブは、自然のものなので枝ぶりも香りの強さも少しずつ違います。香りを嗅いでお好みで量を加減してください。

⚠ ハーブの注意点

妊娠中の方は、避けた方がよいハーブもあるので、ご使用の際はかかりつけの医師にご確認ください。

おつまみ

ついついお酒が進むおつまみ13種。
しっかりとした味付けのものは、
お酒はもちろん、白いごはんにも合います。
パパッと作れるものが多いので、
あと一品欲しいときにもおすすめです。

ツナとバジルの揚げワンタン

【材料12個分】
ツナ缶… 1缶（70g）
ピザ用チーズ… 40g
バジル… 12枚
ワンタンの皮… 12枚
水溶き小麦粉…適量
塩、胡椒…各少々
揚げ油…適量

【作り方】

1 ツナ缶の汁気を切ってボウルに入れ、ピザ用チーズ、
胡椒を加え混ぜ合わせる。

2 ワンタンの皮の真ん中にバジルを1枚置き、その上
にティースプーン1杯ほどの1を乗せ、皮の縁に水
溶き小麦粉を塗り、空気が入らないように三角に折
り外側をしっかりとじる。

3 高温の揚げ油でこんがり色づくまで揚げ、熱いうち
に塩を振る。

memo
ツナ缶を使ったお手軽なおつまみ。
さわやかなバジルとツナがよく合
い、揚げ物なのにさっぱりと食べ
られます。揚げ時間をかけすぎる
と油が跳ねやすくなるので、高温
でサッと揚げるのがポイント。

ローズマリー風味のフライドさつまいも

【材料2人分】

さつまいも… 1本

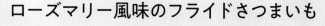ローズマリー… 2枝

バター… 10g

はちみつ…適量

塩…少々

米油(またはサラダ油など)…適量

【作り方】

1 さつまいもは皮をむかず、長さ7～8cm、太さ1cmのスティック状に切り、水をはったボウルに一度浸す。ザルにあげてキッチンペーパーなどで水気を拭き取る。

2 フライパンにさつまいもがつかる程度の米油をそそぎ、ローズマリー、1のさつまいもを入れて中火にかけ、ときどき裏返しながら、こんがりと色づくまで揚げる。

3 2の油を切り、熱いうちに塩を振る。器に盛り付けてバターを乗せ、はちみつをかける。

memo
ローズマリーは風味付けだけでなく、パリパリになっているので食べても美味しいですよ。

ルッコラと生ハムのおつまみピザ

【材料 8個分】

ルッコラ (3〜4cm幅に刻む)… 1/2束(2〜3株)

生ハム 大(一口大にちぎる)… 3〜4枚

餃子の皮… 8枚

ピザ用チーズ… 50g

トマトケチャップ…大さじ2

オリーブオイル…適量

黒胡椒…少々

【作り方】

1 餃子の皮にトマトケチャップを薄く塗り、ピザ用チーズを乗せ、オーブントースターで5分ほど、パリッとし、こんがり色づくまで焼く。

2 ルッコラと生ハムを乗せ、オリーブオイルをかけ、黒胡椒を振る。

memo

ルッコラと生ハムは抜群の相性のよさ。餃子の皮を使ったカジュアルでおしゃれな一品です。

17

長いもと大葉の和風ジャーマンポテト

【材料2人分】

長いも（皮を剥き1cmの輪切り）… 200g

ベーコンブロック（1cmの棒状に切る）… 80g

大葉（千切り）… 5枚

醤油…大さじ1/2

黒胡椒…少々

米油（またはサラダ油など）…少量

【作り方】

1 フライパンを弱火にかけ、米油を引き、ベーコンを入れて脂が出るまで炒める。

2 隙間をあけて長いもを入れ、両面に焼き色がつくまで焼き、醤油をまわしかける。大葉を加えてひと炒めし、黒胡椒を振る。

> **memo**
> 最初に弱火でベーコンの脂を出し、その脂で長いもを焼くと旨味がアップ！醤油の味付けが食欲をそそり、大葉の香りがアクセントになります。

焼きなすと生ハムのミント乗せ

【材料2人分】

なす… 2本

生ハム 大（一口大にちぎる）… 2枚

スペアミント（葉をちぎる）… ひとつかみ

塩…少々

米油（またはサラダ油など）…適量

オリーブオイル、レモン汁…各適量

> **memo**
> じっくり焼いたなすとさわやかなミントの組み合わせ。なすの複雑な風味とコクにミントの清涼感がよく合います。さっぱりとした白ワインと相性抜群。

【作り方】

1 なすはヘタを切り落として縦半分に切り、皮に斜めに切り込みを入れて3等分に切る。

2 フライパンを中火にかけ、米油を多めに引く。なすを入れたら、弱めの中火にして蓋をする。途中裏返し、火が通ったら塩を振る。

3 皿に盛り付け、生ハムとスペアミントを乗せ、オリーブオイルとレモン汁をまわしかける。

じゃがいもとディルのガレット

【材料 直径約18cmのガレット1枚分】

じゃがいも（皮を剥いて千切り）… 2個

ディル（葉を細かくちぎる）… 3〜4枝

バター… 20g

塩…少々

【作り方】

1 フライパンを中火にかけ、バターを溶かす。じゃがいもとディルを加え、菜箸で混ぜ合わせながら丸く形を整える。

2 フライ返しやヘラで押さえながらじゃがいも同士がくっつくようにまとめ、火を弱めて5分ほどじっくりと焼く。

3 全体が固まってきたら裏返して反対側もじっくり焼き、両面がカリッとしたら取り出し、6等分に切って盛り付け、塩を振る。ディル適量（分量外）を添えてもよい。

memo
千切りじゃがいもがサクサクで、メイン料理の付け合わせにしても◯。じっくりと弱火で焼くことが、外側カリッと、中はもっちりとさせるポイント。ディルは焼くことによって青のりのような風味になります。

memo
甘辛い味噌にローズ
マリーの爽やかな香
りがよく合います。

豚肉とくるみのローズマリー味噌炒め

【材料 2人分】

豚肩ロース肉(塊または厚切りスライス)… 200g

片栗粉…大さじ1

ローズマリー… 3〜4枝

くるみ(ローストされたもの。粗く刻む)… 30g

A(合わせておく) ┌ 米味噌…大さじ1
　　　　　　　　│ みりん…大さじ1
　　　　　　　　└ はちみつ…小さじ1

米油(またはサラダ油など)…適量

【作り方】

1 豚肉は長さ 4 〜 5cm、太さ 1cm の棒状に切り、
片栗粉をまぶす。

2 フライパンを中火にかけ、米油を引き、豚肉、
ローズマリーを入れて炒める。

3 豚肉に焼き色がついたら、弱火にしてくるみを
加え、A をまわしかけ全体に絡むまで炒める。

ガーリックシュリンプ

【材料 2人分】

海老(バナメイ海老など)…10 尾(150g)

A
- **にんにく**(みじん切り)…1片
- パプリカパウダー(お好みで)…小さじ1/3
- 塩…小さじ1/4
- 胡椒…少々
- 米油(またはサラダ油など)…大さじ1

白ワイン(または酒)…小さじ1

バター…10g

カーリーパセリ(みじん切り)…少量

カットレモン(お好みで)…1カット

【作り方】

1 海老は尻尾を残して殻をむき、背わたを取り、ボウルに入れて **A** を加え混ぜ、冷蔵庫で 30 分ほどおいてなじませる。

2 フライパンを中火にかけ、**1** を入れて両面が色づくまで焼けたら、白ワインを振り入れアルコールを飛ばし、バターを加え溶かす。

3 器に盛り付けてカーリーパセリを振り、カットレモンを添える。

memo
海老をにんにくと油に漬け込んで、香りをしっかりとつけましょう。殻付きがお好きな方は、殻に切り込みを入れて背わたをとって作ってください。

ラムの串焼き ミントヨーグルトソース

【材料2人分（6串分）】

ラム切り落とし肉（豚肉や牛肉でもOK）… 200g

A
- にんにく（すりおろす）… 小さじ1/4
- 白いりごま… 小さじ1
- クミンシード… 小さじ1/2
- 塩… 小さじ1/3
- 胡椒… 少々

プレーンヨーグルト（無糖）… 100g

スペアミント（刻む）… 7〜8枚

にんにく（すりおろす）… 少々

塩… ひとつまみ

【作り方】

下準備：ラム肉に串を刺している間、ザルにキッチンペーパーを敷き、プレーンヨーグルトを入れ水切りしておく（15〜20分）。

1 ラム肉にAを揉み込んで6等分にし、竹串にぐるぐると巻きつけながら串打ちする。

2 フライパンに油を引かずに1を並べ、中火で転がしながら焼き色がつくまで焼く（豚肉や牛肉の場合は少量の油を引く）。

3 水切りしたプレーンヨーグルト、スペアミント、にんにく、塩をボウルに入れ混ぜ合わせてソースを作り、焼きあがった串焼きにかける。彩りでスペアミント少量（分量外）を添えてもよい。

memo

ラム肉とミントの組み合わせはインド料理の定番。ラムの独特の臭みをミントが消してくれるだけでなく美味しさも引き立てます。串打ちは、肉をこまめに刺しながらぐるぐる巻きつけると上手くできます。切り落としでなく、塊の肉が手に入れば2cm角に切ってそのまま刺してください。

お刺身の薬味タルタル

【材料2人分】

刺身盛り合わせ(鮪、帆立、サーモンなど)… 120g

長ねぎ(みじん切り)… 3cm

みょうが(みじん切り)… 1個

しょうが(みじん切り)… 1/2片

大葉… 3枚

A ┌ レモン汁…小さじ2
  │ 醤油…小さじ2
  └ オリーブオイル…大さじ1

バゲット(スライスして軽く焼く)…適宜

【作り方】

1 刺身はそれぞれ細かく刻み、合わせて軽く叩いてボウルに入れる。

2 長ねぎ、みょうが、しょうがを加え、大葉2枚を細かくちぎり入れ、**A**を加え和える。

3 器に盛り付け、残りの大葉1枚をちぎって散らし、バゲットを添える。

memo
刺身の種類はお好みで。
タルタルは、そのままでも、
バゲットに乗せてワイン
のおつまみとしても。

厚揚げと豚ひき肉のアジア風
ミント乗せ

【材料 2人分】

厚揚げ 大… 1枚

スペアミント(葉をちぎる)…ひとつかみ

青ねぎ(小口切り)… 2本

豚ひき肉… 100g

しめじ(石づきを取りバラバラにする)… 1/4パック

にんにく(みじん切り)… 1片

輪切り唐辛子… ひとつまみ

ナンプラー…小さじ2

胡椒…少々

米油(またはサラダ油など)…適量

スイートチリソース…適量

カットライム(またはレモン)… 1カット

【作り方】

1 厚揚げはオーブントースターで7〜8分カリッとするまで焼き、2〜3cmの角切りにして皿に盛る。

2 フライパンを弱火にかけ、米油を引き、にんにくと輪切り唐辛子を炒め、香りが立ったら、ひき肉を加え中火で炒める。

3 ひき肉の色が変わったらしめじを加え炒める。全体に火が通ったらナンプラー、胡椒で味を調える。

4 厚揚げの上に3を乗せ、スペアミントを乗せて青ねぎを散らし、スイートチリソースをかけ、カットライムを添える。

memo
スペアミントはベトナムなど、アジア地域でもよく登場するハーブ。さわやかで清涼感のある香りは、豚ひき肉、カリッと焼いた厚揚げとの相性もバッチリです。

海老とセージのビールフリット

【材料 2人分(直径約6cmのフリット8個分)】

海老(バナメイ海老など)… 10 尾(150g)

たまねぎ(1cm角に切る)… 1/4個

セージ(大きいものは半分にちぎる)… 20枚

薄力粉(まぶす用)…小さじ1

A ┌ 薄力粉…大さじ4
  │ ビール(発泡酒でも OK)… 60ml
  │ カレー粉(お好みで)…小さじ1/4
  └ 塩…ひとつまみ

塩…少々

揚げ油…適量

【作り方】

1 海老は殻を剥いて背わたを取り、3 等分の長さに切り、たまねぎ、セージと合わせてボウルに入れて薄力粉(まぶす用)をまぶしておく。

2 別のボウルに **A** を入れてさっくり混ぜ合わせ、フリットの衣を作る。

3 **1** に **2** を加え全体に絡めるように混ぜ合わせ、中温の揚げ油に大きめのスプーンを使って落とし入れ、こんがりと色がつくまで揚げる。油をきって熱いうちに塩を振る。

memo
フリット粉用のビールは、よく冷やしておくとサクッと仕上がります。カレー粉は、色付けと風味で入れていますが、なければ入れなくても大丈夫。

鰹のねぎ塩カルパッチョ

【材料 2人分】

鰹または鰹のたたき(刺身用、柵)… 150g

長ねぎ(みじん切り)… 10cm

青ねぎ(小口切り)… 2本

ごま油…大さじ1

白いりごま、塩…各少量

【作り方】

1 鰹は1cmの厚さにスライスして皿に並べる。

2 ごま油をかけ、塩を振り、長ねぎ、青ねぎを乗せて
白いりごまを振る。

> **memo**
> ねぎたっぷり、ごま油と塩のシンプル
> な味付けで鰹をさっぱりいただけます。
> 時間が経つと塩が馴染んで味がボケ
> てくるので、味付けは食べる直前に。

サラダ・スープ

おかずにもなるサラダ＆スープ13種。
ボリューム感のあるものは、
小腹が減ったときのおやつ代わりとして、
夜食としても、カロリーを気にせず食べられそう。

季節の柑橘とハーブのシトラスサラダ

【材料 2人分】

ルッコラ(3cm幅に切る)…1束(3〜4株)

イタリアンパセリ(葉をちぎる)…1〜2枝

ディル(葉をちぎる)…2〜3枝

スペアミント…8〜10枚

季節の柑橘…8〜10房

食用花(お好みで)…適量

A
- 白ワインビネガー(または好みの酢)…小さじ1
- はちみつ…小さじ1/2
- 塩…ふたつまみ
- 胡椒…少々
- オリーブオイル…大さじ1

【作り方】

1 ルッコラとほかのハーブをボウルに入れ、ふんわり混ぜておく。柑橘は皮を剥いて房どりしておく。

2 Aをよく混ぜてドレッシングを作り、ハーブと柑橘を優しく和える。

3 器に盛り付け、食用花を散らす。

memo
さっぱりとしたグレープフルーツと、ふんわり香るハーブをミックスしたサラダ。ハーブはチャービル、バジルなども合います。柑橘も季節に合わせて選びましょう。

クレソンとタコの韓国風サラダ

【材料2人分】
クレソン… 1束（約10本）
ゆでダコ（7〜8mm幅にスライス）… 100g
きゅうり（縦半分に切り斜めにスライス）… 1/2本
海苔… 1/2枚
白いりごま…小さじ1/2
黒胡椒…少々

A ┌ **にんにく**（すりおろし）…少々
　├ レモン汁…小さじ1/2
　├ 醤油…小さじ1
　└ ごま油…大さじ1

【作り方】

1 クレソンは太い茎の部分は斜めに3cmに切り、葉の部分はざく切りにしてボウルに入れる。

2 ゆでダコ、きゅうりを1のボウルに加え、海苔をちぎり入れて白いりごま、黒胡椒を振り入れる。

3 Aをよく混ぜ合わせ、2にまわしかけ、上下を入れ替えるように優しく混ぜる。

memo
クレソン独特の風味とタコの旨味のバランスが絶妙なサラダ。海苔の風味も加わり、さっぱりしながらも食べ応え十分。サラダを混ぜるときは優しく、混ぜ過ぎないのが美味しく作るコツです。

memo
鶏むね肉を茹でる場合は鍋に鶏むね肉と被る程度の水、塩と酒それぞれ小さじ1を入れて火にかけ、沸騰したらごく弱火にして5分茹で、茹で汁につけたまま粗熱をとってください。

れんこんと鶏むね肉の
ごまマヨサラダ 大葉風味

【材料 2人分】

れんこん… 100g

鶏むね肉(皮なし)… 1/2枚(100〜125g)

大葉… 5枚

塩…小さじ1/4

酒…小さじ1

A
- 白すりごま…小さじ1
- マヨネーズ…大さじ2
- 米酢(または穀物酢)…小さじ1
- 醤油…小さじ1
- 胡椒…少々
- オリーブオイル…小さじ1

【作り方】

1 れんこんは皮を剥き、薄くスライスして酢水にさらす（酢は分量外）。塩を少々（塩は分量外）加えた熱湯で2分ほど茹で、冷水にさらし、ザルにあげる。
※れんこんは大きければ縦半分に切ってからスライスしてください。

2 鶏肉は塩で下味をつけて耐熱皿に乗せ、酒を振りかけラップをし、600wの電子レンジで1分半、裏返してさらに1分加熱する。粗熱が取れたら食べやすい大きさに割く（鶏肉が大きい場合は加熱時間を少し増やす）。

3 1と2を合わせてボウルに入れ、大葉をちぎり入れ、Aを加え和える。

牛肉と薬味の生春巻き

【材料2人分】

牛薄切り肉… 160g

塩…少々

生春巻きの皮… 4枚

きゅうり(細切り)… 1本

大葉… 8枚

みょうが(千切り)… 2個

しょうが(千切り)… 1片

青ねぎ(斜めに細切り)… 2〜3本

A
白すりごま…大さじ2
豆板醤…小さじ1/2
米酢(または穀物酢)…大さじ1
砂糖…小さじ1
醤油…大さじ1
ごま油…小さじ1

【作り方】

1 牛肉は熱湯をくぐらせて火を通し、氷水にとる。冷えたら水気を切り、キッチンペーパーなどの上にあげて軽く塩を振っておく。みょうがとしょうがを合わせて軽く水にさらし、水気をきる。Aを混ぜ合わせてソースを作る。

2 生春巻きの皮をぬるま湯にくぐらせてまな板に乗せ、手前側に大葉を2枚並べる。その上にきゅうり、1の牛肉、みょうが、しょうが、青ねぎの順に乗せてしっかりと巻く。

3 食べやすい大きさに切った生春巻きを皿に盛り付け、ソースを添える。彩りで切ったみょうが適量(分量外)を添えてもよい。

memo
お肉がさっぱりといただける生春巻き。ソースは、ピリ辛のごまだれでコクをプラス。豚肉もおすすめです。

memo

ほんのり苦味のあるルッコラと根菜の風味がよく合います。パリパリ食感を楽しむため、ドレッシングは食べる直前にかけてください。

ルッコラと根菜チップスのサラダ

【材料2人分】

ルッコラ（3〜4cm幅に切る）… 1束（3〜4株）

れんこん… 60g

ごぼう… 30g

塩…少々

揚げ油…適量

A ┌ バルサミコ酢…小さじ1
　├ 醤油…小さじ1/2
　├ 胡椒…少々
　└ オリーブオイル…小さじ2

【作り方】

1 れんこんは皮を剥いて薄くスライスし、ごぼうはよく洗ってピーラーでリボン状に削り、合わせて酢水にさらす（酢は分量外）。

2 1をザルにあげてキッチンペーパーなどで水気をよく拭き取り、揚げ油を熱して低温（約160℃）から入れて、こんがり色づくまで揚げ、熱いうちに軽く塩を振っておく。

3 器にルッコラと2を盛り付け、Aを混ぜ合わせてドレッシングを作り、食べる直前にまわしかける。

カリカリ豚肉のパクチーサラダ

【材料2人分】

豚バラ薄切り肉… 100g
塩、胡椒…各少々
片栗粉…小さじ1
パクチー(根を落として2〜3cm幅に刻む)… 3〜4株
たまねぎ(薄くスライスして水にさらす)… 1/4個

A ┌ スイートチリソース…小さじ2
　│ レモン汁…小さじ1と1/2
　└ ナンプラー…小さじ1と1/2

米油(またはサラダ油など)…適量
白いりごま、糸唐辛子(お好みで)…各適量

【作り方】

1 豚肉は 3 〜 4cm 幅に切り、塩、胡椒で下味をつけて片栗粉をまぶす。フライパンを中火にかけ、米油を引き、カリカリになるまで焼く。

2 ボウルにパクチー、水気をよくきったたまねぎ、1を加え、Aを混ぜ合わせてまわしかけ、優しく和える。

3 器に盛り付け、白いりごまを振り、糸唐辛子を乗せる。

海老とパクチーのアボカドカップサラダ

【材料 2人分】

アボカド… 1個

小海老(ボイル済み)… 40g

パクチー(1cm幅に刻む)… 1株

たまねぎ(みじん切りにして水にさらす)… 1/8個

パプリカ(5mm角に切る)… 1/6個

A ┃ レモン汁…小さじ1
　 ┃ 粒マスタード…小さじ1/2
　 ┃ 塩、胡椒…各少々
　 ┃ オリーブオイル…大さじ1

サニーレタス(お好みで)…少量

【作り方】

1 アボカドは包丁をぐるりと入れて半割りにし、種を取って中身をくり抜き、1.5cm角に切ってボウルに入れる。
※アボカドの皮は捨てずに取っておく。

2 1に小海老、パクチー、水気をきったたまねぎ、パプリカ、A を加え和える。

3 アボカドの皮にサニーレタスを敷き、2を詰める。

memo
アボカドの皮を器にした見た目にもかわいいサラダ。パクチーを入れて和えるだけで風味豊かに仕上がります。

キウイとプチトマトのバジルサラダ（カプレーゼ）

【材料 2人分】

キウイ(皮を剥いて縦6等分に切り、それぞれ3等分)… 1個

プチトマト(ヘタを取り、半分に切る)… 6個

バジル… 7〜8枚

モッツァレラチーズ… 1個(100g)

オリーブオイル…大さじ1

塩…ふたつまみ

胡椒…少々

【作り方】

1 キウイとプチトマトをボウルに入れ、モッツァレラチーズを食べやすい大きさにちぎり入れる。

2 バジルをちぎり入れ、オリーブオイルをまわしかけ、塩、胡椒を加えてひと混ぜし、器に盛り付ける。

memo
キウイとプチトマトはよく冷やしておきましょう。トマトだけのカプレーゼよりも甘みがある分食べやすく、キウイのタネのプチプチ食感も楽しめます。調味料を加えたら混ぜすぎず、すぐにいただきましょう。

ハムとパセリのサラダ

【材料2人分】

ロースハム(2cm角に切る)… 6枚

イタリアンパセリ(葉をちぎる)… 3〜4枝

カーリーパセリ(粗く刻む)…軽くひとつかみ

赤たまねぎ(みじん切りにして水にさらす)… 1/4個

A ┌ 粒マスタード…小さじ1/2
　│ 白ワインビネガー(または好みの酢)
　│ …小さじ1
　│ 塩…ふたつまみ
　│ 胡椒…少々
　└ オリーブオイル…大さじ1

【作り方】

1 ロースハムとそれぞれのパセリをボウルに入れる。赤たまねぎの水気をよく切って加える。

2 Aをよく混ぜ合わせ、1にまわしかけて和える。

memo
鉄分とミネラル豊富な2種類のパセリをたっぷりと食べられるサラダ。ハムとパセリの相性はよく、シンプルながらもパセリの美味しさがよくわかります。パセリはどちらか1種でもOK。

にんにくとお麩の卵スープ

【材料2人分】

にんにく(粗みじん切り)… 2片

車麩… 1枚(直径10cmのもの)

卵(割りほぐす)… 1個

和風だし… 400ml

醤油…小さじ2

塩…適量

米油(またはサラダ油など)…適量

青ねぎ(小口切り)…少量

ラー油(お好みで)…少量

【作り方】

1 鍋を弱火にかけ、多めの米油を引き、にんにくを入れてじっくり炒める。

2 和風だしを加えて火を強め、車麩を一口大に割り入れる。沸騰したら弱火にし、2〜3分煮て、醤油、塩で味を調える。

3 鍋の火を再び強め、卵を少しずつ加えてかきたまを作る。器に分け入れ、青ねぎを散らし、ラー油をかける。

memo
お酒を飲んだ〆に飲みたくなる優しくほっとする味のスープ。にんにくを炒めるときは、火が強いとすぐに焦げてしまうので弱火で焦がさないようにじっくり炒めましょう。

鶏肉と豆腐のパクチースープ

【材料2人分】

鶏もも肉(2cm角に切る) … 1/2枚(100〜125g)

木綿豆腐…200g

パクチー(根は細かく刻み、茎と葉は1cm幅に刻む) … 2〜3株

だいこん(皮を剥いて1cm角に切る) … 100g

にんじん(皮を剥いて1cm角に切る) … 1/4本

しょうが(千切り) … 1片

チキンスープ… 400ml

ナンプラー…小さじ2

胡椒…少々

米油(またはサラダ油など) … 適量

【作り方】

1 鍋を弱火にかけ、米油を引き、しょうが、パクチーの根の部分を入れて香りが立つまで炒める。中火にして鶏肉を加え、表面が白っぽくなるまで炒める。

2 だいこんとにんじんを加えひと炒めし、チキンスープを入れる。

3 沸騰したらアクを取り、木綿豆腐を4等分に切って加え、5分ほど煮たら、パクチーの茎と葉を加えナンプラー、胡椒で味を調える。

memo
チキンスープとパクチーでフォーのような味わいに。大きめにカットした豆腐を入れてボリュームを出しているので、ダイエット中にもおすすめ。

クレソンのポタージュ

【材料2人分】

クレソン… 1束(約10本)

たまねぎ(薄くスライス)… 1/2個

じゃがいも(皮を剥き5mm幅にいちょう切り)… 1/2個

チキンスープ… 200ml

牛乳… 100ml

バター… 15g

塩、胡椒…各適量

クルトン(お好みで)…少量

【作り方】

1 クレソンは太い茎の部分と葉の部分に分け、茎は1cm幅に刻み、葉はざく切りにする。

2 鍋を弱火にかけ、バターとたまねぎを入れて炒める。たまねぎがしんなりしたらじゃがいもを加え、ひと炒めしたらクレソンの茎の部分とチキンスープを加え、中火にしてじゃがいもが柔らかくなるまで、10分ほど煮る。

3 クレソンの葉を加え軽く混ぜ、しんなりしたらすぐに火を止め、牛乳を加えハンドブレンダーで滑らかになるまで撹拌する。再び火にかけて沸騰寸前まで温め、塩、胡椒で味を調える。※ブレンダーがない場合は粗熱が取れてからミキサーにかける。

4 器に分け入れ、クルトンを浮かべる。

memo
クレソンの風味が優しく香るポタージュ。グリーンがとてもきれいです。冷やして冷製ポタージュにしても美味しいです。じゃがいもは男爵系の方がさらりと仕上がります。

タイムが香る
鶏団子とズッキーニの塩スープ

【材料 2人分】

ズッキーニ（皮を縞に剥き、1cm幅に切る）… 1本

<u>タイム</u>… 2〜3枝

春雨… 20g

鶏ももひき肉… 200g

塩…小さじ1/4

胡椒（鶏団子用）…少々

たまねぎ（みじん切り）… 1/4個

しょうが（すりおろす）… 小さじ1/2

チキンスープ… 400ml

塩麹…小さじ1

胡椒…少々

オリーブオイル…適量

レモンスライス（お好みで）… 2枚

【作り方】

1 ひき肉と塩、胡椒（鶏団子用）をボウルに入れて粘りが出るまでよく混ぜ、たまねぎ、しょうがを加え合わせる。

2 鍋にチキンスープを入れ強火にかけ、沸騰したらズッキーニを入れる。再び沸騰したら、1を直径3〜4cmに丸めて落とし入れ、タイムの葉を枝から外して加え、弱火にして5分ほど煮る。

3 春雨を加え2〜3分煮たら塩麹、胡椒で味を調え、器に分け入れオリーブオイルをまわしかけ、レモンスライスを乗せる。タイム適量（分量外）を添えてもよい。

memo
さっぱりとしたチキンスープにタイムの香りが深みを出します。春雨も入れているので、ちょっとお腹がすいたときの夜食にも。

column_1

余ったハーブや薬味の保存方法

ハーブや薬味を買っても、余らせてしまうことってありますよね？特にハーブは、すぐに萎えたり、乾燥しがち。そこで種類によって最適な保存方法を紹介します。

【基本の冷蔵保存】

種類にもよりますが、きちんと保存すればバジルやミントなどは約1週間、その他のハーブは2週間近く日持ちします。

方法

◆ハーブ

❶ハーブがしんなりしていたり、汚れが気になる場合は、ボウルに入れ、水に浸けて優しく揺らす。

❷水で濡らして固く絞ったキッチンペーパーで種類ごとに包む。

❸❷をまとめて保存容器（タッパーなど）に入れ、蓋をして野菜室で保存する。

◆薬味

・大葉やみょうがは、ハーブと同じく水で濡らして固く絞ったキッチンペーパーで包み、保存容器に入れて野菜室で保存する。

・ねぎ類やニラは、水で濡らして固く絞ったキッチンペーパーで巻き、それぞれをラップに包み、野菜室に立てて保存する。

※長ければ半分に切る。

・にんにくや生姜は、乾いたキッチンペーパーで包み、それぞれをラップに包むかビニール袋に入れて野菜室に保存する。

【冷凍保存】 冷凍保存しておくと使いやすいハーブや薬味も。冷凍庫で約半年保存可能です。

方法

◆バジル、カーリーパセリ、イタリアンパセリ

❶葉をちぎる（ハーブに水気がついている場合は拭き取るか、よく乾かしてから）。

❷ジッパー付き保存袋に入れ、空気を抜いて平らにして閉じる。

❸冷凍庫に入れる。

使い方

冷凍庫から出してすぐ、パリパリの状態で袋ごと揉み、粉々にする。そのままパスタにかけたり、スープに入れたり。オイルと混ぜてカルパッチョなどにかければOK。

◆にんにく、ねぎ類、みょうが

にんにくは、小片に分けてバラバラにし、薄皮を剥いてジッパー付き保存袋に入れて冷凍庫で保存。みじん切りやスライスなど、あらかじめ切ってラップで小分けに包んで保存しておくと使うときに便利。

ねぎ類やみょうがも同様に、切った状態で保存。この方法は、事前に薬味の水気をしっかりきること、またジッパー付き保存袋は、潰れない程度に空気を抜いてから閉じることがポイント。

【乾燥／ドライ】 天日乾燥よりも、短時間で少量でも簡単に乾燥できる電子レンジを使った方法を紹介します。

方法

❶耐熱皿にキッチンペーパーを1枚敷く。

❷乾燥させたいハーブや薬味がなるべく重ならないように広げて乗せる。

❸ラップをせず、パリパリになるまで電子レンジで加熱する。

※加熱後の耐熱皿は大変熱くなっているので要注意。

加熱時間の目安

10gで3分（600W）ほど。量が少ない場合は様子を見ながら時間を調整。指でつまんで粉々になるくらいのパリパリ具合になればOK。

電子レンジ乾燥に向いているハーブ、薬味

バジル、パセリ、ローズマリー、セージ、タイム、ミント、大葉など。

【塩漬け】 バジルや大葉は塩漬けにすると半年ほどの長期保存ができます。色はややくすみますが、香りはキープできます。

方法

下準備：バジルまたは大葉は、水気をしっかり取っておく。

❶保存容器（瓶やタッパーなど）の底に少量の塩を入れる。

❷バジルまたは大葉をできるだけ重ならないように敷き詰め、上から塩をかける。

❸❷を繰り返し、最後に塩で蓋をするように少し多めにかけ、冷蔵庫で保存する。

※写真のものは、容量370ml、塩150～200g、バジルの葉30～40枚。

使い方

保存容器から取り出し、水に浸けて塩を洗い、水気を絞ってから使う。用途に応じて水に浸ける時間の調整を。大葉は、おにぎりにそのまま巻いたり、刻んできゅうりと和えて漬物に。バジルは、刻んでサラダに入れたり、そのままピザの具にするのもおすすめ。

副菜 / サイドディッシュ

毎日食べても飽きのこない副菜18種。
野菜を中心に、簡単だけど一手間加えたヘルシーなものが多く、
肉や魚料理、ごはん、麺類との相性もバッチリです。

焼きピーマンのみょうがおかか乗せ

【材料 2人分】

ピーマン（包丁で3ヶ所ほど穴をあける）… 4個

みょうが（小口切りにして水にさらす）… 1個

鰹節…適量

醤油…適量

米油（またはサラダ油など）…適量

【作り方】

1 フライパンを弱火にかけ、米油を引き、ピーマンを入れてゆっくり転がしながら焼き色がついてしんなりするまで 10 分ほど焼く。

2 皿に乗せ、水気をきったみょうがを乗せ鰹節をかけ、醤油をたらす。

> **memo**
> 丸ごとじっくりと焼いたピーマンは、とても柔らかく甘みを感じます。みょうがの風味とシャキシャキ感、鰹節の旨味がマッチします。

長ねぎのさっぱりマリネ

【材料 作りやすい分量】

長ねぎ（4cm 幅に切る）… 1 本

A ┌ チキンスープ…150ml
　│ 米酢（または穀物酢）…大さじ 2
　│ はちみつ…大さじ 1
　└ 塩…小さじ 1/4

オリーブオイル…少量

【作り方】

1 小鍋に長ねぎを並べ、A を入れて中火にかけ、沸騰したら弱火にし、落とし蓋をして長ねぎが柔らかくなるまで 15 〜 20 分煮る。

2 火を止め、粗熱が取れたら冷蔵庫で冷やし、器に盛り付け、オリーブオイルをまわしかける。

> **memo**
> 長ねぎが柔らかくなるまでコトコト煮るのがポイント。しっかりと冷やせば白ワインやスパークリングに合うおつまみにも。

バジル風味のキャロットラペ

【材料 2人分】

にんじん… 1本
塩(塩もみ用)…小さじ1/4
バジル … 4〜5枚

A ┌ マスタード(粒でもペーストでもOK)
  │ …小さじ1
  │ 白ワインビネガー(または好みの酢)
  │ …大さじ1
  │ はちみつ…小さじ1/2
  │ 塩、胡椒…各少々
  └ オリーブオイル…大さじ2

【作り方】

1 にんじんは皮を剥いて千切りにし、塩(塩もみ用)を加えてもみ、10分ほどおく。水気を絞ってボウルに入れ、バジルを細かくちぎりながら加える。

2 Aをよく混ぜ合わせてドレッシングを作り、1に加え和える。

memo
お好みでナッツやドライフルーツなどを加えても美味しいです。 バジルによってさわやかな味わいになりますが、パセリやディルもおすすめ。

タイム風味のパプリカマリネ

【材料 作りやすい分量】

パプリカ（種を取り細切り）… 1個

タイム… 2〜3枝

にんにく（つぶす）… 1片

水… 大さじ2

白ワインビネガー（または好みの酢）…小さじ1

トマトケチャップ…小さじ2

塩、胡椒…各適量

オリーブオイル…適量

【作り方】

1 小鍋を中火にかけ、オリーブオイル、にんにくを入れる。香りが立ったらパプリカを加えひと炒めし、タイムの葉を枝から外して加え、パプリカがしんなりするまで炒める。

2 水、白ワインビネガー、トマトケチャップ、塩、胡椒を加え、蓋をして弱火で5分ほど煮る。粗熱が取れたら冷蔵庫で冷やす。

memo
炒めて軽く煮るだけの簡単レシピ。スライスしたバゲットに乗せてブルスケッタにしたり、メイン料理の付け合わせにもぴったりです。

みょうがとうずらの卵の和ピクルス

【材料 作りやすい分量】

うずらの卵… 10個

みょうが（縦4等分に切る）… 3個

赤たまねぎ（2cm幅にくし切り）… 1/4個

鰹節… 2つまみ（2〜3g）

A
- 水… 100ml
- リンゴ酢（または好みの酢）… 100ml
- 砂糖… 大さじ3
- 塩… 小さじ1/2

【作り方】

1 うずらの卵は水から茹で、沸騰して3分ほど経ったら冷水で冷やし、殻を剥き、キッチンペーパーなどで水気をよく拭き取っておく。

2 みょうがと赤たまねぎを保存容器に入れる。

3 小鍋に A を入れて火にかけ、一度沸騰させ、砂糖が溶けたら鰹節を入れ火を止める。熱いうちに 2 に濾し入れる。

4 粗熱が取れたら、うずらの卵を加えて冷蔵庫で一晩おく。

memo

ほんのりピンク色のかわいいピクルス。

鰹節を入れるのでまろやかな味わいに。

冷蔵庫で4〜5日ほど保存できます。

エリンギの明太子バターソテー ディル風味

【材料2人分】
エリンギ… 1パック(2〜3本)
明太子 中… 1/2腹
ディル(葉を細かくちぎる)… 2〜3枝
酒 …大さじ1
醤油…小さじ1
バター… 20g

【作り方】

1 エリンギは 3 〜 4cm の長さに切り、縦に 4 〜 6 等分にする。明太子は包丁の背を使って中身を出し、小さめのボウルに入れて酒と合わせておく。

2 フライパンを中火にかけ、バターを入れて溶かし、エリンギを入れて炒める。完全に火が通ったら弱火にし、明太子を加え全体に絡め、醤油をまわしかけ、ディルを散らす。

memo
明太子は酒と合わせておくと全体に行き渡りやすくなります。ディルは仕上げに入れることで香りが飛ばず、奥行きのある味わいに。

memo

セロリは炒めすぎず、少し食感を残しましょう。セロリの葉を刻んで入れることで、より風味豊かに。冷めても美味しいのでお弁当にも。

セロリときのこの塩昆布炒め

【材料 2人分】

セロリ(茎)… 1本
セロリ(葉、千切り)… 3〜4枚
しめじ(石づきを取りバラバラにする)… 1/3パック
まいたけ(しめじと同じ大きさに裂く)… 1/2パック
(きのこ類は合わせて100g)
塩昆布… 5g
酒…小さじ1
醤油…小さじ2
ごま油…適量
白いりごま…小さじ1

【作り方】

1 セロリの茎は筋を取り、5cm の長さに切ってから 7 〜 8mm 幅の棒状にする。

2 フライパンを中火にかけ、ごま油を引き、きのこ類を入れて炒め、しんなりしたらセロリの茎を加え炒める。

3 セロリの茎がややしんなりとしてきたら、セロリの葉、塩昆布、酒を加えひと炒めし、醤油をまわしかけて味を調え、白いりごまを振る。

塩昆布ニラダレ冷奴

【材料 2 人分】

絹豆腐(木綿でも OK)… 300g

うずらの卵黄… 2個

ニラ(5mm幅に刻む)… 1/2束

A
- 塩昆布… 5g
- 米酢(または穀物酢)…小さじ1
- 砂糖…小さじ1/2
- 醤油…大さじ1
- ごま油…大さじ2

【作り方】

1 ニラは耐熱ボウルに入れて 600W の電子レンジで 30 秒加熱し、A を加え混ぜる。

2 豆腐は半分に切って器に盛り付け、それぞれに 1 をかけ、うずらの卵黄を乗せる。

memo

塩昆布入りのニラダレはごはんはもちろん、刺身やしゃぶしゃぶなどに乗せても○。ニラは電子レンジで少し加熱することで、青臭さを取ることができます。

クレソンの梅びたし

【材料2人分】

<u>クレソン</u>… 2束(約20本)

梅干し… 2個(1個10g前後のもの)

和風だし… 200ml

みりん…小さじ1

醤油(できれば薄口醤油)…大さじ1と1/2

memo

火を通しても独特の風味が残るクレソンはお
ひたしにもおすすめ。最初にシャキッとさせて
から茹でると食感がよくなり、また茹ですぎな
いことで香りも食感もよい状態でいただけます。

【作り方】

下準備：クレソンがしんなりしていたら、水
に浸けてシャキッとさせておく。

1 小鍋に和風だし、みりん、醤油を入れて中
火にかけ、沸騰したらちぎった梅干しと種
を一緒に加え、火を止め冷ましておく。

2 クレソンは塩少々（塩は分量外）を加えた
熱湯に茎から入れ、30秒ほどサッと茹で、
氷水に取る。

3 水気をよく絞り、3等分の長さに切って1
に浸し、冷蔵庫で30分ほどなじませる。
梅干しの種を取り除き、器に盛り付ける。

セロリとカニかまのマスタードマヨネーズ和え

【材料 2人分】

セロリ(茎)… 1本

塩…ふたつまみ

リンゴ(5mm幅に細切り)… 1/4個

カニかま(細かく裂く)… 60g

A ┌ マヨネーズ…大さじ1と1/2
│ マスタード(粒でもペーストでもOK)
│ …小さじ1
│ レモン汁…小さじ1/2
└ 胡椒…少々

【作り方】

1 セロリは筋を取り斜めに薄くスライスし、塩を加えてもみ、10分ほど置く。水気を絞って、ボウルに入れる。

2 リンゴ、カニかまを 1 のボウルに加え、A を加え和える。

memo
フレンチのレムラードソースをベースにした一品。セロリの風味と相性がよく、りんごの優しい甘みと酸味がアクセントに。

白菜とパクチーの炒め蒸し

【材料2人分】

白菜(2cm幅に斜め切り)… 1/8個

パクチー(根は細かく刻み、茎と葉は5cm幅
に切る)… 3〜4株

桜海老(素干し)… 8g

にんにく(みじん切り)… 1片

酒…大さじ1

ナンプラー…小さじ2

米油(またはサラダ油など)…適量

【作り方】

1 フライパンを弱火にかけ、米油を引き、
  パクチーの根、桜海老、にんにくを入れ
  て香りが立つまで炒める。

2 白菜を加え、中火にして全体に油が回るま
  で炒める。酒、ナンプラーをまわしかけ、
  蓋をして弱火で3分ほど蒸す。

3 パクチーの茎と葉を加え、さらに30秒ほ
  ど蒸す。

memo

　サッと簡単に作れるボリュームのある副菜。
桜海老とパクチーの風味にナンプラーが加わ
ると、一気にアジア料理の味わいに。ナンプ
ラーの量は白菜の大きさによって加減してく
ださい。

サーモンとセロリのマリネ

【材料 2人分】

サーモン（刺身用、5mm幅にスライス）… 100g
セロリ（茎、筋を取り斜めに薄くスライス）… 1/2本
たまねぎ（薄くスライス）… 1/4 個
塩（塩もみ用）…ふたつまみ

A ┌ 白ワインビネガー（または好みの酢）
  │ …大さじ1
  │ 砂糖…小さじ1/2
  │ 塩…小さじ1/4
  │ 胡椒…少々
  └ オリーブオイル…大さじ2

ケッパー（お好みで）… 小さじ1

【作り方】

1 セロリとたまねぎを合わせて塩（塩もみ用）でもみ、10分ほど置く。

2 大きめのボウルに A を入れてよく混ぜ、水気を絞った 1 とサーモンを加え和え、冷蔵庫で 10 分以上おく。

3 器に盛り付け、ケッパーを散らす。彩りでセロリの葉少量（分量外）を添えてもよい。

memo
塩もみしたセロリの食感が心地よいサーモンマリネ。漬け込む時間によってサーモンの締まり具合が変わるので、好みの具合で調整してください。

しょうが風味のコールスロー

【材料2人分】

キャベツ（5mm幅に刻む）… 1/4個

たまねぎ（薄くスライス）… 1/4個

にんじん（千切り）… 1/4本

きゅうり（千切り）… 1本

ロースハム（細切り）… 4枚

しょうが（千切り）… 30g

塩…小さじ1/2（キャベツ用）、小さじ1/4（その他の野菜用）

A
| 米酢（または好みの酢）…大さじ2
| 砂糖…小さじ1
| 胡椒…少々
| 米油（またはサラダ油など）…大さじ2

白いりごま…少量

【作り方】

1 キャベツはボウルに入れ、塩（キャベツ用）で和える。たまねぎ、にんじん、きゅうりを合わせ別のボウルに入れ、塩（その他の野菜用）で和える。それぞれ15分ほど置く。

2 1の野菜から出た水分を軽く絞り、ひとつのボウルに合わせ入れ、しょうが、ロースハム、Aを加え和える。味見をして足りなければ塩少々（分量外）を足す。

3 皿に盛り付け、白いりごまを振る。

memo
マヨネーズを使わないさっぱりとした味わい。酸っぱめがお好みの場合は、酢を少し多めに。一度にたくさんできるので作り置きにも便利（冷蔵庫で2、3日OK）。

グリーンアスパラガスのソテー
目玉焼きとディル乗せ

【材料 2人分】
グリーンアスパラガス… 4本
卵… 1個
ディル（葉をちぎる）… 4〜5枝
塩、胡椒…各少々
オリーブオイル…適量
粉チーズ…大さじ1

【作り方】

1 グリーンアスパラガスは根元 2 〜 3cm を
　切り落とし、硬い部分をピーラーで剥き、
　半分の長さに切る。

2 フライパンを中火にかけ、オリーブオイル
　を引き、卵を割り落とし、空いているスペー
　スにグリーンアスパラガスを入れて焼く。

3 卵の白身が固まりグリーンアスパラガス
　に火が通ったら、全体に塩、胡椒を振る。
　皿に盛り付け、ディルを乗せ、粉チーズ
　を振る。

memo
グリーンアスパラガスを美味しくい
ただくシンプルな一皿。粉チーズを
たっぷり振りかけ、目玉焼きをつぶし
てよく絡めながら食べてみてください。

ルッコラと鶏肉のふんわり卵炒め

【材料2人分】

ルッコラ(3〜4cm幅に切る)… 1束(3〜4株)

鶏もも肉(2cm角に切る)… 1/2枚(100〜125g)

塩、胡椒…各少々

塩麹…大さじ1/2

卵(割りほぐす)… 2個

オリーブオイル…適量

【作り方】

1 鶏肉は塩、胡椒で下味をつける。

2 フライパンを中火にかけ、オリーブオイルを引き、十分に熱くなったら卵を流し入れ、木ベラでふんわりと炒めていったん取り出しておく。

3 同じフライパンに鶏肉を入れ、焼き色がついて火が通るまで炒め、ルッコラを加えひと炒めする。卵を戻し入れ、塩麹を加え混ぜ合わせながら炒める。

memo
ルッコラはすぐに火が通るので、加えたら手早く仕上げましょう。炒めるとほうれん草のような味わいに。

トマトのはちみつしょうがマリネ

【材料2人分】

トマト… 2個

A ┌ しょうが(すりおろす)…小さじ2
　├ はちみつ…小さじ2
　├ 米酢(または好みの酢)…小さじ2
　├ 塩…小さじ1/4
　├ 胡椒…少々
　└ オリーブオイル…大さじ2

【作り方】

1 トマトはヘタを取り、1cm幅にスライスして皿に並べる。

2 Aをよく合わせて1にかけ、皿ごと冷蔵庫で10分ほど冷やす。

memo
さっぱりとしたしょうがの風味とはちみつの甘さでトマトの風味がぐっと引き立ちます。野菜が足りないときサッと作れる一品です。

ブロッコリーのローズマリーソテー

【材料2人分】

ブロッコリー(切って小房に分ける)… 1株
ローズマリー… 2〜3枝
にんにく(つぶす)… 1片
醤油…小さじ1
塩、胡椒…各少々
オリーブオイル…適量

【作り方】

1 フライパンを弱火にかけ、オリーブオイルを引き、にんにく、ローズマリーを入れて香りを出す。

2 香りが立ったらブロッコリーを加え、弱めの中火で蓋をし、ときどき裏返しながら3〜4分焼く。

3 塩、胡椒を振り、醤油をまわしかける。

memo
ブロッコリーを茹でずにじっくりと焼くことで栄養を逃しません。シンプルなだけにローズマリーとにんにくの風味が活き、醤油の香ばしさともよく合います。

ニラとひき肉の卵焼き

【材料 直径約18cmの卵焼き1枚分】
ひき肉(牛と豚の合びき)… 100g
<u>ニラ</u>(5mm幅に刻む)… 1/2束
<u>しょうが</u>(みじん切り)… 1/2片
卵… 4個
砂糖…大さじ1
醤油…小さじ2
塩、胡椒…各少々
米油(またはサラダ油など)…適量

【作り方】

1 フライパンを弱火にかけ、米油を引き、しょうがを入れて炒める。香りが立ったらひき肉を加え中火にして炒め、完全に火が通ったらニラを加えひと炒めし、塩、胡椒を振る。

2 ボウルに卵を割り入れて砂糖、醤油を加えてよく混ぜ、1を加えて軽く混ぜる。

3 1のフライパンをよく洗い、再び中火にかけて熱し、米油を大さじ1ほど引き2を入れて菜箸で混ぜ、ふんわりしたら蓋をする。弱火にして全体が固まるまで加熱し、裏返して2分ほど焼く。切り分けて皿に盛り付ける。

memo
ニラとひき肉がたっぷりでボリュームのある卵焼き。直径20cm程度の小さめのフライパンで焼くと、写真のように厚みが出てふんわりと焼けます。

余ったハーブで
調味料を作る

ハーブは丈夫で育てやすく、小さなプランターで栽培できることもあり、ガーデニング初心者にも人気です。種類によってはあっという間に育ってしまい、使い方に困ってしまうことも。そこで、たくさんのハーブが余った場合の活用法を紹介します。

【ハーブオイルを作る】

フレッシュハーブを使用。オイルに浸けてすぐに使うことができるお手軽な方法です。

作り方　下準備：保存に使用する容器はあらかじめ消毒しておく。ハーブ類に水気がついている場合はよく乾かしておく。
①小さめの鍋またはフライパンに、好みの植物油とハーブ類を入れる。
②ごく弱火にかけ、ハーブ類から小さな気泡が出てきたら火を止める。十分に冷ましてから濾し、保存容器に入れて保存する。

ポイント

使用するハーブは、葉をちぎったり、刻むとより香りが抽出される。加熱しすぎると油がはねたり、酸化が早まるため、シュワシュワッと気泡が出始めたらすぐに火を止めましょう。冷蔵庫で約2ヶ月保存可能。

おすすめの組み合わせと分量(目安)

◆**肉料理やパスタに**
オリーブオイル100ml
＋にんにくスライス1片分、ローズマリー2〜3枝、タイム7〜8枝

◆**魚のカルパッチョやサラダ、パスタに**
オリーブオイル100ml
＋タイム7〜8枝、バジルの葉4〜5枚、レモンの皮1/2個分

◆**中華料理や和食に**
米油(またはごま油)100ml
＋刻み白ねぎ2〜3cm分、にんにくスライス1片分、しょうが3〜4スライス

【ハーブソルトを作る】

ドライハーブ（P.55参照）と塩を合わせるだけで、簡単に自家製ハーブソルトが作れます。

 作り方
①ドライハーブと天然塩を約1：2（重さでなく容量　例／ハーブ大さじ1：塩大さじ2）で合わせ、すり鉢、またはフードプロセッサーに入れる。※少量で作る場合はすり鉢の方が便利。
②ハーブが細かくなり、塩全体がきれいな緑色になるまで混ぜる。

使い方

◆ **バジルのハーブソルト**
カプレーゼの味付けに使ったり、白身魚のカルパッチョに振りかけるのもおすすめ。

◆ **ローズマリーのハーブソルト**
肉料理の下味に使ったり、仕上げに振りかけたり。ポテトサラダやマカロニサラダなど和えるサラダとの相性も◯。

◆ **プロヴァンスハーブミックスの　ハーブソルト**
ローズマリー、タイム、セージ、バジルなどのハーブのブレンド。肉や魚の下味をつけたり、スープの香りづけに。オリーブオイルやビネガーとの相性もいいので、葉野菜のサラダの仕上げに振りかけると味が引き立つ。

【ハーブビネガーを作る】

フレッシュハーブを使用。ドレッシングとして、マリネ、カルパッチョ、炒め物など幅広く使えます。

材料：作りやすい分量

お好みのハーブ　適量
（例）**マリネ、カルパッチョなどに使う場合**
　　　タイム、ディル それぞれ7〜8枝
　　　肉料理の漬けこみや炒め物などに使う場合
　　　タイム 7〜8枝、ローズマリー 4〜5枝
　　　（お好みでにんにくや粒胡椒などを加えてもよい）

酢（リンゴ酢がまろやかでおすすめ。穀物酢や
白ワインビネガーでもOK）…160ml
砂糖…大さじ2
塩…小さじ1

ポイント

ハーブが空気に触れていると、カビの原因になる恐れがあるのでしっかり液体に浸けること。3日〜2週間で香りが移りまろやかに。2週間後にハーブは取り出しましょう。
冷蔵庫で約2ヶ月保存可能。

 作り方
下準備：保存する容器はあらかじめ消毒しておく。
①小鍋に酢、砂糖、塩を入れて中火にかけ、沸騰したら火を止めて粗熱を取る。
②保存容器に好みのハーブを入れる。
③②に①を注ぎ入れ、ハーブが酢からはみ出さないようにして蓋をし、冷蔵庫で3日おく。

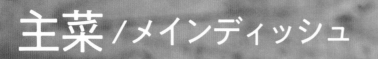

主菜／メインディッシュ

華やかでフォトジェニックな主菜14種。
食べ応えのある肉や魚をたっぷりのハーブ＆薬味と組み合わせたごちそう。
毎日の献立として、また特別な日のディナーとしてもおすすめです。

ローズマリー風味の塩麹肉じゃが

【材料3〜4人分】

豚バラ肉スライス(3〜4cm幅に切る)… 150g

ローズマリー… 1〜2枝

じゃがいも(皮をむき大きめの一口大に切る)… 3個

たまねぎ(8等分にくし切り)… 1個

にんじん(乱切り)… 1/2本

水… 250ml(ひたひたになる程度)

A ⎡ 酒…大さじ1
　⎢ みりん…大さじ2
　⎣ 塩麹…大さじ2

オリーブオイル…適量

黒胡椒…少々

【作り方】

1 鍋を中火にかけ、オリーブオイルを引き、ローズマリー、豚肉を入れて炒める。豚肉の色が変わったらじゃがいも、たまねぎ、にんじんを加え炒める。

2 全体に油がまわったら水を加え、沸騰したら A を加え落とし蓋をし、弱火にしてじゃがいもが柔らかくなるまで15〜20分煮る。

3 器に盛り付け、黒胡椒を振る。

memo
はじめにローズマリーを炒めてしっかり香りを出しましょう。塩麹で仕上げるあっさりとした肉じゃがを、ローズマリーの香りがさわやかに引き締めます。

鶏のレモンジンジャー照り焼き

【材料2人分】

鶏もも肉 大 … 1枚(300〜350g)

片栗粉…適量

A（合わせておく）
- **しょうが**(みじん切り)… 30g
- レモン汁…小さじ2
- はちみつ…小さじ2
- 酒…大さじ1
- みりん…大さじ2
- 醤油…大さじ2

米油(またはサラダ油など)…適量

ベビーリーフ…適量

レモンスライス(お好みで)…2枚

【作り方】

下準備：鶏肉は焼く前に30分ほど室温に出しておく。

1 鶏肉は縦半分に切って片栗粉をまぶす。

2 フライパンを弱めの中火にかけ、米油を引き、鶏肉の皮目を下にして入れ、脂を落としながらこんがりと焼き色がつくまで焼く。裏返して火が通ったら余分な油をキッチンペーパーで拭き取り、A を加え煮詰めながら絡ませる。

3 食べやすい大きさに切って皿に盛り付け、フライパンに残ったソースをかけ、ベビーリーフ、レモンスライスを添える。

memo

鶏肉は焼く前に室温に出しておくことで、火の通りが均一になります。皮目をじっくりとパリパリに焼き上げた鶏肉に、レモンとしょうがでさっぱりと仕上げた甘辛のたれが絡みます。

豚肉とセージのサルティンボッカ

【材料2人分】

豚ロース薄切り肉… 8枚

セージ… 8枚

生ハム 大(半分に切る)… 4枚

ピザ用チーズ… 40g

胡椒…少々

オリーブオイル…適量

カットレモン(お好みで)… 1カット

memo

仔牛肉などに生ハムとセージを乗せたイタリア料理、サルティンボッカ。手に入りやすい薄切り豚肉のアレンジ料理で、チーズを加えてより濃厚な味わいに仕上げました。

【作り方】

1 豚肉を広げてピザ用チーズを乗せ、チーズを挟むように二つ折りにする。その上にセージを乗せ、被せるように生ハムを巻き付ける。
※生ハムは、はがれないようにしっかりと巻く。

2 フライパンを中火にかけ、オリーブオイルを引き、両面に焼き色がつくまで焼き、胡椒を振る。

3 皿に盛り付け、カットレモンを添える。

たっぷりパセリのサーモンソテー レモンバターソース

サーモンの切り身… 2切れ

塩、胡椒…各少々

薄力粉…少量

プチトマト（1cm角に切る）… 4個

カーリーパセリ（みじん切り）… 大さじ2

白ワイン（または酒）… 大さじ1

A ┌ レモン汁…小さじ2
  │ 醤油…小さじ1
  └ バター… 15g

オリーブオイル…適量

レモンスライス（お好みで）… 2枚

【作り方】

1 サーモンは骨を抜き、塩、胡椒で下味をつけ、薄力粉を薄くまぶす。

2 フライパンを中火にかけ、オリーブオイルを引き、サーモンを入れて両面に焼き色がつくまで焼く。白ワインを振りかけ、蓋をして弱火で1〜2分蒸し焼きにする。皿に盛り付け、プチトマト、カーリーパセリを乗せる。

3 2のフライパンにAを入れ、弱火にしてよく混ぜ、バターが溶けたらカーリーパセリの上から全体にかけ、レモンスライスを添える。

memo
レモンの酸味が効いたソースでいただくサーモンソテー。カーリーパセリをたっぷり乗せるとよりさっぱりとした味わいに。パセリはイタリアンパセリでもOK。

ソーセージと豆、セロリの煮込み

【材料 2人分】

ソーセージ 大… 4本

ミックスビーンズ… 120g

ベーコンスライス（2cm幅に切る）… 2枚

セロリ（葉付き、1cm幅に切る）… 1本

たまねぎ（みじん切り）… 1/2 個

にんにく（みじん切り）… 1片

チキンスープ… 200ml

塩、胡椒…各少々

オリーブオイル…適量

【作り方】

1 鍋を中火にかけ、オリーブオイルを引き、ベーコンとにんにくを入れて炒め、香りが立ってきたら、セロリ、たまねぎを加え、しんなりするまでしっかり炒める。

2 ミックスビーンズ、チキンスープを加え、沸騰したら弱火にしてアクを取り、ソーセージを加え蓋をして 15 ～ 20 分煮て、塩、胡椒で味を調える。

memo
香味野菜の代表格・セロリは洋風のスープや煮込みには欠かせません。生のセロリも美味しいけれど、柔らかく煮てじんわりと旨味がしみた食べ方もおすすめです。

手羽先とキャベツのハーブスープ煮

【材料 2人分】

手羽先… 6本

塩(下味用)…少々

キャベツ(芯をつけたまま縦半分に切る)… 1/4個

白ワイン…大さじ2

チキンスープ… 500ml

ブーケガルニ(P.6参照)… 1個

塩、胡椒…各適量

オリーブオイル…適量

【作り方】

1 手羽先は塩(下味用)で下味をつける。

2 フライパンを中火にかけ、オリーブオイルを引き、手羽先とキャベツを入れて両面に焼き色をつける。

3 白ワインをまわしかけ、チキンスープを注ぎ入れ、沸騰したらアクを取る。ブーケガルニを加え、蓋をして弱火で20分ほど煮て、塩、胡椒で味を調える。

memo

数種のハーブ類を合わせたブーケガルニの香りで、驚くほど風味豊かに。だしを取るようにハーブの香りと旨味を全体に行き渡らせるのがポイントです。

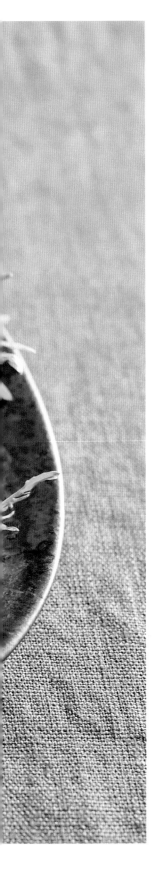

牛ステーキのみょうがトマトソース

【材料2人分】

牛ステーキ肉(お好みの部位)… 200g

塩、胡椒…各少々

トマト(ヘタを取り1cm角に切る)… 1個

みょうが(小口切り)… 1個

A
- 米酢(または好みの酢)…小さじ2
- 醤油…小さじ2
- 砂糖…小さじ1/2
- オリーブオイル…大さじ1

オリーブオイル(ソテー用)…適量

ベビーリーフ…適量

【作り方】

下準備：牛肉は焼く30分前に常温に出しておく。

1 牛肉に塩、胡椒を振り下味をつける。フライパンを強火にかけ、オリーブオイル（ソテー用）を引き、牛肉を焼く。両面に焼き色がついたら取り出し、アルミホイルに包んで5分ほど休ませる。

2 トマトとみょうがを合わせてボウルに入れ、**A**を加え混ぜる。

3 皿にベビーリーフを敷き、牛肉を切って乗せ、**2**をかける。

memo
トマトの旨味とみょうがの風味が絶妙にマッチしたソースは、牛ステーキのほか豚肉や鶏肉のソテー、魚や野菜などにもおすすめです。

みょうがの肉巻き 黒胡椒ポン酢焼き

【材料2人分】

みょうが(縦8等分に切る) … 3本

豚もも薄切り肉(ロースやバラ肉でもOK)… 8枚

塩…少々

黒胡椒…適量

酒…小さじ1

ポン酢…大さじ1

米油(またはサラダ油など) …適量

【作り方】

1 豚肉を広げてみょうがを3カットずつ巻き、塩、黒胡椒を振る。

2 フライパンを中火にかけ、米油を引き、1の巻き目を下にして入れ、ときどき転がしながら全面に焼き色をつける。

3 酒を振りかけ、蓋をして弱火で1～2分加熱したら、蓋を取り強火にし、ポン酢をまわしかけ全体に絡める。

memo
細長く切ったみょうがをそのまま巻いて焼き上げるので、シャキッとした食感が楽しめます。たっぷりの黒胡椒でパンチを効かせ、ポン酢でさっぱりと仕上げました。

ハーブの香りを閉じ込めた
白身魚の紙包み焼き

【材料 2人分】

白身魚の切り身(真鯛、鱈、メカジキなど)… 2切れ

塩、胡椒…各少々

たまねぎ(薄くスライス)… 1/4個

しめじ(石づきをとってバラバラにする)… 1/4パック

プチトマト(ヘタを取る)… 6個

オリーブ(お好みで)… 6個

タイム、イタリアンパセリ、ディル… 6〜8枝

(お好みのハーブ2〜3種)

白ワイン…小さじ1

オリーブオイル…適量

【作り方】

下準備：オーブンを200℃に予熱しておく。30cmに切っ
たクッキングシートを2枚用意しておく。

1 白身魚は骨を抜き、塩、胡椒で下味をつける。

2 クッキングシート1枚の中央にたまねぎとしめじを
半量ずつ置き、その上に1の白身魚を1切れ乗せる。

3 2の周りにプチトマト、オリーブを3個ずつ置き、
好みのハーブを乗せて白ワイン、オリーブオイルを半
量ずつまわしかける。クッキングシートの上下を重ね
てしっかりと包み、両端をねじって閉じる。もう1セッ
ト同じように作る。

4 200℃のオーブンで12分ほど焼く。

memo

クッキングシートは隙間ができないようにしっかりと包み、
香りを閉じ込めましょう(トースターを使う場合はクッキ
ングシートの上からアルミホイルをかぶせ、シートがはみ
出さないように気をつけてください)。 シートを開けた瞬
間にハーブの香りが広がります。お好みであさりや海老
などを入れても美味しいですよ。

鱈のソテー
みょうがと柴漬けのタルタルソース

【材料2人分】

鱈の切り身(骨を抜く)… 2切れ

塩、胡椒…各適量

薄力粉…適量

白ワイン…大さじ1

オリーブオイル(またはサラダ油など)…適量

A
| みょうが(縦半分に切り繊維を断つように刻む)… 1個
| 柴漬け(みじん切り)… 30g
| ゆで卵(殻をむき、みじん切り)… 1個
| マヨネーズ…大さじ4
| 米酢(または好みの酢)…小さじ1

【作り方】

1 鱈の切り身に塩、胡椒で下味をつけ、薄力粉を薄くまぶす。
　Aを混ぜ合わせてソースを作る。

2 フライパンを中火にかけ、オリーブオイルを引き、鱈を入
　れて両面に焼き色がつくまで焼く。白ワインを振りかけ、
　蓋をして弱火で1〜2分蒸し焼きにする。

3 皿に盛り付け、ソースをかける。彩りでイタリアン
　パセリなどのハーブ適量(分量外)を添えてもよい。

memo
魚は鱈以外でもOK。柴漬けの食感とみょ
うがの風味でまろやかに仕上がったタル
タルソースは、チキンソテー、ミックスフ
ライなどにかけても美味しくいただけます。

牛肉とごぼうの薬味ハーブ鍋

【材料 2人分】

牛薄切り肉… 200g

ごぼう… 1/2本

クレソン… 2束(約20本)

ディル(葉をちぎる)… 7〜8枝

みょうが(縦半分に切って千切り)… 2個

長ねぎ(縦半分に切って斜めに千切り)… 1/3本

和風だし… 600ml

カットトマト缶… 1/2缶(200g)

にんにく(薄くスライス)… 2片

醤油…大さじ2

塩…適量

【作り方】

1 ごぼうはよく洗ってピーラーで長さ7〜8cmに削り、水にさらす。

2 鍋に和風だし、にんにく、カットトマトを入れて火にかける。沸騰したら醤油を加え塩で味を調え、水気を切ったごぼうを加え5分ほど煮る。

3 牛肉、薬味・ハーブ類を加えサッと煮る。

memo
和風だしベースのトマト鍋。ハーブ類は煮過ぎると香りが飛ぶので、サッと火を通し、少しずつ追加しながらいただきましょう。お肉と一緒にハーブや薬味をたっぷり食べられるので、体スッキリ、デトックス効果も。

鯵のタイムパン粉焼き

【材料 2人分】

鯵 中(三枚おろし)… 2尾分

塩、胡椒…各少々

A
- パン粉…大さじ4
- タイム(葉を枝から外す)… 5〜6枝
- 粉チーズ…大さじ1
- にんにく(すりおろし)…少々

オリーブオイル…適量

【作り方】

1 鯵は小骨を抜き、塩、胡椒で下味をつける。Aをビニール袋に入れて混ぜ合わせ、タイムパン粉を作る。

2 アルミホイルを敷いた天板に鯵の皮目を上にして並べ、オリーブオイルをかけてタイムパン粉をたっぷり乗せ、上からもオリーブオイルを少量かける。

3 オーブントースターで7〜8分、こんがり色づくまで焼く。彩りでタイム適量(分量外)を添えてもよい。

memo
魚介とも相性がいいタイムを混ぜ込んだハーブパン粉をたっぷり乗せて、油で揚げずサクッと焼き上げたヘルシーな一品(油で揚げる場合は、小麦粉と卵を使ってパン粉付けしてください)。パン粉は、多めに作って冷凍しておくと便利です。

鰤のソテー バルサミコソース
ローズマリー風味

【材料 2 人分】

鰤の切り身…2切れ

塩、胡椒…各少々

薄力粉…少量

ローズマリー… 2枝

プチトマト（ヘタを取る）… 6個

A（合わせておく）
- バルサミコ酢…大さじ1
- はちみつ…小さじ1
- 醤油…大さじ1

オリーブオイル…適量

【作り方】

1 鰤は塩、胡椒で下味をつけ、薄力粉を薄くまぶす。

2 フライパンを中火にかけ、オリーブオイルを引き、1 とローズマリーを入れて鰤の両面に焼き色がつくまで焼く。周りにプチトマトを加え、転がしながら焼く。

3 弱火にして A をまわしかけ、スプーンで鰤にかけながら、少しとろみがつくまで煮詰める。

memo
ローズマリーは、香り付けと同時に青魚の臭みを取る効果も。バルサミコ酢と醤油でコクを出しながらも、さっぱりと仕上げています。

ニラ入り豚つくね

【材料 2人分（6個分）】

豚ひき肉… 200g

塩…小さじ1/4

ニラ（5mm幅に刻む）… 1/3 束

しょうが（すりおろす）… 小さじ1/2

片栗粉…小さじ1

A（合わせておく）
- 酒…小さじ2
- みりん…小さじ2
- 砂糖…小さじ2
- 醤油…小さじ2

ごま油…適量

練り辛子（お好みで）…適量

【作り方】

1 ボウルにひき肉と塩を入れてよく練り、粘りが出たらニラ、しょうが、片栗粉を加え混ぜ合わせ、6等分して楕円形に成形する。

2 フライパンを中火にかけ、ごま油を引き、1を入れて転がしながら全体に焼き色をつける。Aをまわしかけ、蓋をして弱火で2〜3分蒸し焼きにする。

3 蓋を取りタレを煮詰めて絡め、器に盛り付ける。練り辛子を添える。

memo
刻んだニラをたっぷりと混ぜ込んだつくねは、甘辛い味で食べ応えあり。肉ダネを成形する際、手に油を塗っておくとベタつかずきれいに丸めやすくなり、焼き割れもしづらくなります。

ごはん・麺

これ1品で満足感十分のごはん＆麺7種。
サラダ＆スープ、副菜などとも相性のいいラインナップは
休日のランチやパーティーメニューとしても喜ばれそう。

ディル風味のタコめし

【材料 3～4人分】

ゆでダコ(大きめのぶつ切り)… 150g

ディル… 8～10枝

米… 2合

たまねぎ(みじん切り)… 1/4個

にんにく(みじん切り)… 1片

チキンスープ… 340ml

A 酒…小さじ2
　 醤油…小さじ2
　 塩…少々

オリーブオイル…適量

【作り方】

1 鍋を弱火にかけ、オリーブオイルとにんにくを入れて香りが立つまで炒める。 たまねぎを加えしんなりするまで炒め、米を加え透明感が出るまで炒めたら、炊飯器の内釜に入れる。
　 ※鍋で炊く場合は炊飯器に移さずにそのまま炊いてください。

2 1の炊飯器にチキンスープ、A を加えひと混ぜし、ゆでダコを乗せて炊く。

3 炊き上がったらディルの葉をちぎりながら入れ、しゃもじで切るように混ぜ合わせる。

memo
ぶつ切りのタコで作るピラフ。米は、だしをよく吸わせるために研がずに使います。気になる場合は研いでからザルに上げて乾かしてから使うか、無洗米を。冷めても美味しいのでおにぎりにしてお弁当に入れるのもおすすめ。

ツナトマトバジルそうめん

【材料2人分】

そうめん… 150g

トマト 大… 1個(250g)

バジル… 7〜8枚

ツナ缶…1缶(70g)

A
- 白だし(市販品)…大さじ3
- レモン汁…小さじ2
- 胡椒…少々
- オリーブオイル…大さじ2

きゅうり(薄くスライスして塩もみする)… 1/3本

【作り方】

1 トマトの皮を剥いてビニール袋に入れて手で潰す。そこにバジルを細かくちぎりながら入れ、汁気を切ったツナ缶、Aを加える。袋を軽く揉んで混ぜ、冷蔵庫で冷やしておく。

2 そうめんを表示どおりに茹でて冷水でしめ、器に盛り付け1のソースをかけ、きゅうりを乗せる。

memo
そうめんをトマトとバジルで冷製パスタ風に。そうめんはしっかりと水気を切ることで味が薄くならず美味しくいただけます。

ローズマリーチキンカレー

【材料 2 人分】

鶏もも肉 大… 1枚(300〜350g)

塩(下味用)…小さじ1/2

たまねぎ(みじん切り)… 1個

にんにく(みじん切り)… 1片

しょうが(みじん切り)… 1片

ローズマリー… 2〜3枝

カレー粉…大さじ2

ホールトマト缶 … 1/2缶(200g)

チキンスープ… 200ml

中濃ソース…大さじ1

塩…適量

米油(またはサラダ油など)…適量

温かいごはん…適量

【作り方】

1 鶏肉は3〜4cm角に切り、塩(下味用)で下味をつける。熱したフライパンに米油を引き、鶏肉を入れて中火で表面に焼き色がつくまで焼き、いったん取り出しておく。

2 同じフライパンにたまねぎ、にんにく、しょうがを入れて弱火でほんのり茶色くなるまで炒める。カレー粉を加えひと炒めし、ホールトマトを加え木ベラなどでつぶし、チキンスープを加える。

3 鶏肉を戻し入れ、ローズマリーを枝ごと加える。沸騰したら蓋をし、ときどき混ぜながら弱火で30分ほど煮込み、中濃ソースを加えて塩で味を調える。
※ローズマリーは入れたままでOK

4 ごはんと一緒に皿に盛り付ける。彩りでローズマリー適量（分量外）を添えてもよい。

> **memo**
> ごはんをターメリックライスにする場合は、2合の米に対して小さじ1/4のターメリックパウダーを加えて炊き、炊き上がりにバター大さじ1を加えて混ぜます。

大葉のなす入りガパオ

【材料 2人分】

鶏ひき肉… 200g

なす(2cm角に切る)… 1本

パプリカ(乱切り)… 1/4個

大葉… 10枚(うち2枚は盛り付け用)

にんにく(みじん切り)… 1片

輪切り唐辛子…ふたつまみ

卵…2個

A ┌ オイスターソース…小さじ2
  │ ナンプラー(または醤油)…小さじ2
  └ 胡椒…少々

米油(またはサラダ油など)…適量

温かいごはん…適量

スイートチリソース(お好みで)…適量

【作り方】

1 フライパンを弱火にかけ、米油、にんにく、輪切り唐辛子を入れて炒める。香りが立ったらなすを加え炒める。

2 なすに火が通ったらひき肉を加え、ほぐしながら炒める。肉の色が変わったらパプリカを加え、大葉をちぎりながら加え炒め、Aを加え味を調える。

3 目玉焼きを2つ作る。

4 器にごはんを盛り付け2をかける。盛り付け用の大葉を添えて目玉焼きを1つずつ乗せ、スイートチリソースを添える。

> **memo**
> バジルの代わりに大葉をたっぷり入れてさっぱりと仕上げたボリューム満点のガパオ。大葉は香りが飛ばないよう最終工程で加えましょう。

長ねぎとベーコンのドリア

【材料 2人分】

長ねぎ（縦半分に切り1cm幅に刻む）… 1と1/2本

ベーコンスライス（1cm幅に刻む）… 3枚

チキンスープ… 100ml

白ワイン（または酒）…大さじ1

牛乳… 200ml

薄力粉…大さじ2

バター… 20g

塩、胡椒…各適量

温かいごはん… 200g

バター（ごはん用）… 10g

醤油…小さじ1

ピザ用チーズ…適量

memo

しんなりするまでじっくり火を通した長ねぎの甘みと風味が、まろやかなホワイトソースにぴったり。バター醤油ごはんとの相性もばっちりです。

【作り方】

1 鍋を中火にかけ、バターを溶かし、ベーコンを入れて炒める。脂が出たら長ねぎを加え、弱火にしてしんなりするまで炒める。

2 白ワインを加えてアルコールを飛ばす。チキンスープを加え、弱火で5分ほど水分がほとんどなくなるまで煮る。

3 ボウルに牛乳、薄力粉を入れ、泡立て器でよく混ぜ 2 に加え、中火にし木ベラなどで絶えず混ぜる。とろみがついてきたら弱火にし、塩、胡椒で味を調える。

4 温かいごはんにバター（ごはん用）、醤油を入れて混ぜ合わせ、グラタン皿に平らに入れ、3 をかけピザ用チーズを乗せる。オーブントースターで10分ほど焼き色がつくまで焼く。

ニラと桜海老のバター醤油スパゲティー

【材料 2人分】

スパゲティー… 160g

ニラ(3cm幅に切る)… 1束

桜海老(素干し)… 10g

しめじ(石づきを取りバラバラにする)… 1/3パック

にんにく(みじん切り)… 1片

白ワイン(または酒)…大さじ1

スパゲティーの茹で汁… 60ml程度

醤油…大さじ1

バター… 20g

胡椒…少々

【作り方】

1 スパゲティーは塩（分量外）を加えた熱湯で表示時間どおりに茹でる。

2 フライパンを弱火にかけ、バター、にんにくを入れて香りが出るまで炒める。しめじを加えさらに炒める。しんなりしたらニラを加え炒め、白ワインを振り入れてアルコールを飛ばし、桜海老、スパゲティーの茹で汁、醤油を加える。

3 茹で上がったスパゲティーを2のフライパンに入れて手早く絡め、胡椒を振る。

memo

バター醤油味に仕上げた和風スパゲティー。桜海老のだしとニラの風味がよく合います。スパゲティーを茹でるときは、しっかりと塩味を感じられる1％の塩を入れた熱湯で茹でましょう。

アジア風 ピリ辛海鮮バジル焼きそば

【材料2人分】

蒸し麺(焼きそば用)… 2食

冷凍シーフードミックス(解凍しておく)… 200g

たまねぎ(5mm幅にスライス)… 1/4個

パプリカ(5mm幅に細切り)… 1/3個

バジル(大きい葉はちぎっておく)… 20〜30枚

水…50ml

にんにく(みじん切り)… 1片

輪切り唐辛子…ふたつまみ

米油(またはサラダ油など)…適量

A(合わせておく)
| トマトケチャップ…小さじ2
| ナンプラー…大さじ1
| オイスターソース…大さじ1

【作り方】

1 フライパンを中火にかけ、米油を引き、シーフードミックスを入れて火が通るまで炒め、いったん取り出す。

2 同じフライパンに再び米油を引き、にんにく、輪切り唐辛子を入れて炒め、香りが立ったら、たまねぎ、パプリカを加えサッと炒め、蒸し麺を加え水をまわしかけ、麺をほぐしながら炒める。

3 水分が飛んだら、シーフードミックスを戻し入れ、バジルを加え A をまわしかけて炒め合わせる。

memo
シーフードミックスで作るお手軽な海鮮焼きそば。バジルの香りでアジアの気分が高まります。シーフードミックスをいったん取り出すことで、固くなるのを防ぎます。

［ ハーブ・薬味別インデックス ］

ハーブや薬味からレシピを探すことができます。
今日中に使ってしまいたいものがあるとき、どうしても食べたいものがあるとき、
こちらから逆引きすると便利です。※数字はページ数です。

ハーブ

若井めぐみ Megumi Wakai

料理家／ハーバルセラピスト

ハーブをテーマにした料理教室「ヴェール　エクラタン」を主宰。ホテル、レストラン、カフェなどの飲食店や洋菓子店勤務を経て独立。身体に優しく、簡単で美味しい、再現性の高いレシピに定評がある。雑誌、企業向けのレシピ制作や飲食店のメニュー開発、メディア出演など、幅広く活動している。

https://www.vert-eclatant.com/
Instagram　@megumi_wakai

協力：ナチュレライフ編集部

「自然の恵みで健康・キレイになる」をテーマに食・コスメ・情報を提供するライフスタイルブランド。可能な限り添加物を使用しない健康食品やコスメをはじめ、医師や農業法人とのコラボレーションによるハイクオリティで身体に優しい商品を展開。一方で最新の栄養学を基にした書籍の編集協力やメディアづくりも手掛ける。

ナチュレライフ	検索

スープからおつまみまで 簡単で美味しい健康になれるメニュー65品

ハーブと薬味のごちそうレシピ

2020 年 10 月 23 日　　初刷発行
2023 年 7 月 31 日　　第 4 刷発行

著　者	若井めぐみ	編　集	武智美恵
発行者	川口秀樹	デザイン	伊藤智代美
発行所	株式会社三空出版（みくしゅっぱん）	撮　影	サカモトタカシ
	東京都千代田区神田三崎町 3 丁目 5-9	スタイリング	さくらいしょうこ
	天翔水道橋ビル　411 号室	調理アシスタント／校正	窪田洋子
	TEL:03-5211-4466	撮影協力	UTUWA
	FAX:03-5211-8483		
	https://mikupub.com		

印刷・製本　　シナノ書籍印刷株式会社

©Megumi Wakai 2020
Printed in Japan
ISBN 978-4-944063-72-7